Raamatun luomiskertomus Pepiton kanssa seikkaillen

AF271814

Raamatun luomiskertomus Pepiton kanssa seikkaillen

Anna Wasenius

© 2019 Anna Wasenius
Kustantaja: BoD – Books on Demand, Helsinki, Suomi
Valmistaja: BoD – Books on Demand, Norderstedt, Saksa
ISBN: 978-952-80-0385-4

Hei!

Minun nimeni on Pepito, joka ystäväni Annan, joka tämän minun puolestani kirjoittaa, mukaan lausutaan " *Pepiitto* ". Hän kertoi minun nimeni tulevan espanjan kielestä, jossa se tarkoittaa kermamunkkia, berliininmunkkia tai täytettyä sämpylää.

Jotain herkullista siis!

Ehkäpä haluat käydä hakemassa itsellesi evästä ennen kuin aloitamme yhteisen matkamme Raamatun luomiskertomuksen läpi?

Matkastamme voi tulla hyvinkin mielenkiintoinen, oletko valmis seikkailuun? Hienoa, matkaan siis!

Olen koira, rodultani mitä parhain sekarotuinen. Vaikka sekarotuinen olenkin, se ei tarkoita, ettenkö olisi ns. laatukoira. Ei todellakaan. Minä olen aivan yhtä hyvä, arvokas ja tärkeä kuin kuka tahansa muukin.

Olen Luojan luoma hieno eläin, minulla on kaikki samat ajatukset, tunteet, tarpeet ja toiminnot, harrastukset, puuhat ja leikit, työt ja tehtävät niin kuin kaikilla muillakin Luojan luomilla ihmisillä ja eläimillä.

Minullakin on välillä kova nälkä ja jano, käyn toisinaan vessatarpeillani aivan kuten sinäkin. Minä pidän rapsutuksesta, leikistä ja toiminnasta aivan kuten kuka tahansa muukin Luojan luoma olento.

Tunnen kipua kun satutan varpaani ja surua silloin kun sinä itket.

Sekarotuisuuteni kertoo siitä, että niin eläin kuin ihminenkin on yksilönä aivan yhtä arvokas ja rakas, tärkeä riippumatta omasta alkuperästään.

Tulin nyt tervehtimään sinua, sillä haluan pyytää sinut kanssani seikkailulle läpi elämän luomisen maapallolle.

Seikkailumme lopuksi käyn vielä läpi tuon aiheen nimeltä *"paratiisi"*, kerron sinulle mikä se oli Raamatun aikana, mikä se tulee olemaan tulevaisuudessa, sekä – sokerina pohjalla – miten sinne voi päästä.

Tämä luomiskertomus, johon minä kohta menen, tapahtui jo hyvin, hyvin kauan aikaa sitten.

Itse minä pidän piirustusten katselemisesta ja mielikuvitukseni onkin melko vilkas. Mietin tuossa, viitsisitkö sinä, ystäväni, piirtää silloin tällöin näitä tapahtumia, joista sinulle kohta kerron?

Katselisin niin mielelläni piirustuksiasi, nyt tai myöhemmin, jos se sinulle sopii. Jos et voi tai halua nyt piirtää, se ei yhtään haittaa minua. Mielikuvituksesikin kiinnostaa minua kovin. Annathan sille luvan laukata kertomukseni edetessä. Voi olla, että koet, näet ja tunnet paljon enemmän sitä kautta.

Ennen kuin lähdemme liikkeelle, esittelen sinulle tämän kirjan sisällön. Voit toki hypätä sisällön ylitse ja vaikka palata siihen myöhemminkin jos olet jo malttamaton aloittamaan kirjan lukemisen tai kuuntelemisen.

KIRJAN SISÄLTÖ JA KIRJASSA KÄYTETYT RAAMATUN KOHDAT:

12.   Jumala loi ihmisen omaksi kuvakseen, kuudes päivä (1. Moos.1:26-31)

13.   Jumala saa luomistyönsä päätökseen, seitsemäs päivä (1. Moos. 2:1-2)

14.   Lepopäivän pyhittäminen (1. Moos. 2:2-4)

15.   Pepito pohtii tilannetta

15.   Ihminen taipuu, ensimmäinen synti tapahtuu (1. Moos. 3:6-7)

16.   Ihminen kohtaa Jumalan (1. Moos. 3:8-19)

17.   Ihmiset saavat nimet ja vaatteet (1. Moos. 3.20-21)

18.   Ihminen ajetaan pois paratiisista (1. Moos. 3:22-24)

19.   Aatami ja Eeva

1. Paratiisi, silloin ja tulevaisuudessa

2. Miten pääsen paratiisiin (1. Sam. 15:22)

3. Totteleminen, Jumalan miellyttäminen (1. Piet. 1:7; 1. Joh. 5:3)

4. Pepiton loppusanat

Kirjailijan loppusanat

Nyt olemme käyneet läpi kirjan sisällysluettelon Raamatunkohtineen, oletko valmis aloittamaan?

OSA I

1. Maailmankaikkeuden pimeys

Olet varmaan joskus ollut täydessä pimeydessä kun valot on sammutettu huoneesta. Se on joskus vähän pelottavaa, eikö totta? Ennen kuin tämä maailman syntyi nykyiseen muotoonsa, oli maan päällä juuri tuollaista. Pimeää. Ei ollut näkyvissä tähtiä, ei aurinkoa, ei kuuta, ei mitään, mistä valoa olisi tullut.

Suljepa nyt ihan hetkeksi silmäsi. Näetkö tai pystytkö kuvittelemaan pimeyden, josta sinulle juuri kerroin? Sinun ei tarvitse pelätä, ihan kohta tulee valoisaa.

Tuollaista oli ennen kuin Jumala, meidän taivaallinen Isämme loi maapallolle elämän. Aurinko, kuu, tähdet ja muut taivaankappaleet olivat kyllä jo olemassa, mutta niiden valo ei vielä ulottunut maanpinnalle. Niissä ei vielä ollut sellaista upeaa valoa ja loistetta kuin nykyään on. Välissä oli paksu pimeys, kuin pilviverho.

Maapallokin oli jo silloin olemassa. Sen oli Jumala luonut jo kauan, hyvin kauan aikaa sitten. Varmaan samaan aikaan kuin auringon, kuun ja tähdetkin, jotka olivat vielä ilman valoa. Tai en minä tiedä oliko niissä jo valo valmiina, mutta ei se ainakaan maanpinnalle silloin vielä näkynyt. Niin olen kuullut kerrottavan. Valmiina oli jo paljon erilaisia planeettoja, taivaitakin. Koko maailmankaikkeus oli jo silloin luotuna.

Pystytkö kuvittelemaan tämän? Pieniä palloja, planeettoja. En tiedä, oliko niillä silloin jotain elämää. Voit hyvin käyttää nyt mielikuvitustasi. Voihan olla, että silloin oli olemassa vaikkapa Hassulan planeetta, Eläinten planeetta, Unien planeetta, Ilon ja Rakkauden planeetta tai ihan mitä vain planeettoja mielikuvituksessasi pystyt ikinä keksimään. Muistathan, mielikuvituksella ei ole rajoja.

Minusta olisi mukava nähdä planeettoja, tai vastaavia, joita sinä mielessäsi keksit, voisitko piirtää niistä minulle kuvan tai vaikka kertoa minulle niistä mielessäsi tai ääneen, kuvailla niitä jotenkin?

Muistathan, mikään pakko sinun ei ole näitä minun pyytämiäni asioita tehdä. Minulle on tärkeää, että sinä toimit niin kuin itse sillä hetkellä oikeaksi koet.

Jumalalla, meidän Isällämme oli hyvä, vahva ja rakastava tahto antaa tähän maailmankaikkeuteen, silloiseen pimeyteen tulle elämää. Hän halusi luoda teidät ihmiset ja meidät eläimet. Jo silloin Hän saattoi miettiä, ehkä tietääkin, mitä kaikkea te tulisitte kokemaan.

Hän saattoi myös kuvitella, miten te olisitte keskenänne jokainen yhtä arvokkaita ja rakkaita toisillenne aivan niin kuin olette arvokkaita ja rakkaita Hänelle. Jokainen teistä.

Hän varmasti jo silloin näki maailmassa rakkauden, mutta näki myös sodat ja muut pahuudet, joita te ihmiset joutuisitte läpikäymään. Hän näki ihanan luonnon ympärillänne, luonnon, joka tulisi olemaan teille ikuinen voimavara, Hän näki varmasti talot, kauppakeskuksetkin, jopa matkan kuuhun.

Jos muuten ihmettelet, miksi minun kirjoittajani joka kerta kirjoittaa tuon sanan " hän " isolla, se tapahtuu hänen kertomansa mukaan puhtaasta kunnioituksesta ja rakkaudesta Isä Jumalaa kohtaan.

2. Jumala valitsee maapallon

Tarvittiin kuitenkin valmisteluja, jotta Isä Jumala voisi maailmankaikkeuteen elämää tuoda. Jumala tarkkaili viisaudessaan eri planeettoja, taivaankappaleita. Hän tarkasteli, mikä niistä sopisi parhaiten ihmisille ja eläimille, jotka Hän aikoi kohta luoda.

Yksi toisensa jälkeen Hän katseli eri paikkoja suuressa avaruudessa. Kävisikö tuo? Ei, se ei ollut sopiva. Entäpä tuo toinen? Ei, se oli liian kaukana auringosta, johon valo tulisi. Seuraava taas oli liian lähellä.

Aikansa maailmankaikkeudessa, avaruudessa kuljettuaan ja katseltuaan Hän saapui paikkaan, jonka Hän totesi sopivaksi. Hän katseli tuota paikkaa, jonka oli valinnut. Kyllä, se sopi mainiosti Hänen aikeisiinsa. Ihmisen olisi sillä hyvä elää. Eläimetkin sopisivat sinne. Se oli täydellinen paikka. Ensin sitä tuli kuitenkin hieman muokata, jotta se olisi hyvä ja turvallinen paikka elää.

Huomaatko, jos silloin Isä Jumala mietti meidän elävien olentojen puolesta asioita, jo silloin Hän ajatteli meitä kaikkia rakkaudella. Huippua! sanon minä kevyesti haukahdellen.

3. Valo tulee maapallolle, ensimmäinen päivä

Joka puolella maan päällä oli silloin vielä pimeää. Ei ollut näkyvissä valoa. Aurinkoa, kuuta tai tähtiä ei vielä näkynyt. Maa oli autio ja tyhjä, pimeys peitti syvyydet ja Jumalan henki liikkui vetten yllä. Silloin Hän sanoi:

" Tulkoon valo. " Ja valo tuli.

Hän katseli ympärilleen. Silloin Jumala näki, että valo oli hyvä. Hän tarkasteli vielä työnsä tulosta. Jotain puuttui. Oli valo, mutta oliko pimeys kadonnut nyt kokonaan näkyvistä siitä paikasta katsoen, jossa Hän oli?

Siltä näytti. Jotain oli siis tehtävä. Eihän pelkässä valossa kukaan voisi elää. Minua ainakin kauhistuttaa jo pelkkä ajatuskin siitä! Eihän silloin tietäisi koska pitäisi mennä nukkumaan tai herätä. Saisiko silloin ikinä edes levätä?

Jumala kuitenkin tiesi, että pimeys oli yhä olemassa. Tarvittiin siis hieman säätöjä.

Silloin Jumala erotti valon pimeydestä, ja Hän nimitti valon päiväksi ja pimeyden yöksi. Tuli ilta ja aamu, näin meni ensimmäinen päivä.

Suljepa nyt hetkeksi silmäsi. Kuvittele mielessäsi tuo pimeys, josta kaikki alkoi. Anna valon nyt nousta hiljalleen. Näe, kuinka valo nousee suljettujen luomiesi takana. Se kohoaa nyt yhä ylemmäs, ylemmäs. Sitä on joka puolella. Ihana tunne! Katsele vähän aikaa tuota valoa. Anna sitten pimeyden laskeutua valon ylle. Se tulee yhä lähemmäksi. Hiljalleen se peittää valon lempeästi alleen. Se ympäröi sinut nyt joka puolelta, mutta tunnet olosi rauhalliseksi. Huomaat, ettet näe pimeässä mitään. Sillä hetkellä sinusta tuntuu, kuin olisit oikeastaan tyhjyydessä.

Tyhjyydessä on kuitenkin paljon pisaroita, niin paljon pisaroita. Vettä on joka puolella. Ei niin paljoa, että voisit uida tai hukkuisit siihen. Vain sen verran, kuin kevyesti sataisi.

Vaikka minä koiran olenkin, ja pidän uimisesta, en koko ajan haluaisi kuitenkaan olla sateessa. Et varmaan sinäkään?

4. Taivas luodaan, toinen päivä

Jumala kuitenkin tiesi tämän, ja rakkaudessaan Hän halusi ratkaista tilanteen.

Silloin Jumala sanoi:

" Tulkoon kaartuva kansi vesien väliin, erottamaan vedet toisistaan. "

Tällä tavalla Jumala loi taivaan. Alun perin taivasta ei tuossa pimeydessä maanpinnalla siis ollut. Hän kuitenkin ajatteli viisaasti rakkaudella ja teki kannen, jonka Hän nimitti taivaaksi.

Käyttäisitkö nyt taas hetken mielikuvitustasi?

Voitko nähdä tuon veden ympärilläsi, tuntea sen ihollasi? Hyvä. Ravistele nyt itseäsi, vaikka vain pientä osaa kehostasi, kuin koira, joka haluaa saada vedet pois turkistaan. Tunne, kuinka osa vesipisaroista nousee ylös, yhä ylemmäs. Tunnet taas olevasi kuiva. Olosi on hyvä. Miellyttävä. Kohotat katseesi ylöspäin, näet taivaan kaartuvan ylläsi.

Tuli ilta ja tuli aamu, näin meni toinen päivä.

Kaksi kertaa on jo valo noussut ja pimeys sen jälkeen laskeutunut. Kaksi päivää on jo kulunut. Pysytkö vielä mukana?

Hyvä, jatketaan eteenpäin.

5. Maailmankamara erotetaan merestä, puut ja kasvit luodaan, kolmas päivä

Jumala katseli tuota tekemäänsä työtä ja aamun tultua Hän halusi sitä jatkaa. Vettä oli nyt yläpuolella ja alapuolella, taivaan kannen kummallakin puolella, mutta missä oli kuivaa, missä oli näkyvissä maata??! Ei missään.

Mietipä, miltä sinusta tuntuisi, jos kuivaa maata ei olisi ollenkaan. Minä ainakin haluan juosta ja telmiä kuivalla maalla. Eihän sitä ihan koko ajan jaksa vedessä leikkiä vaikka uimisesta pidänkin!

Silloin Jumala sanoi:

" *Kokoontukoot taivaankannen alapuolella olevat vedet yhteen paikkaan, niin että maan kamara tulee näkyviin.* "

Ja niin tapahtui. Jumala nimitti kiinteän kamaran maaksi, ja sen paikan, mihin vedet olivat kokoontuneet, Hän nimitti mereksi.

Taas Hän katseli ympärilleen. Sinäkin voisit nyt hieman katsella ympärillesi, yhdessä Isä Jumalan kanssa.

Mitä kaikkea sinä näet? Näetkö auringon, näetkö taivaan? Näetkö sinulle rakkaita esineitä, asioita tai ihmisiä, eläimiä? Näetkö omat sormesi tai varpaasi? Jos et nyt pysty näkemään, voit hyvin myös sormin tunnustella. Jokainen aisti on yhtä tärkeä.

Mutta palataan nyt yhdessä tuohon, missä Isä Jumala äsken juuri oli, mitä Hän silloin näki.

Sateet olivat nyt ylhäällä pilvissä, maan päällä oleva vesi oli meressä. Kuivaa maata oli merten ympärillä ja niiden väleissä. Oli selvästi jo paljon parempi.

Ja Jumala näki, että niin oli hyvä.

Nyt olivat meret muodostuneet ja maa oli riittävän kuivaa, jotta sillä saattoi elää.

Kuvittele nyt olevasi meren rannalla. Ei haittaa, vaikka et olisi koskaan rannalla käynyt. Luota itseesi, luota omaan mielikuvitukseesi.

Kerro minulle, mitä sinä siellä näet? Näetkö hiljalleen liikkuvan veden pinnan, näetkö sinisen taivaan kannen? Hieman pilviä ajelehtimassa taivaalla. Laineet liplattavat hiljaa. On niin rauhallista, hiljaista. Jotain kuitenkin puuttuu. Huomaatko mitä?

Missään ei ole kasveja, eikä yhtäkään eläintä! Mistään ei kuulu ääniä, laineiden liplatuksen lisäksi. Jotain täytyy siis tehdä.

Tämän Isä Jumalakin tiesi, ja Jumala sanoi:

" *Kasvakoon maa vehreyttä, siementä tekeviä kasveja ja hedelmäpuita, jotka maan päällä kantavat hedelmässään kukin lajinsa mukaista siementä.* "

Ja niin tapahtui. Maa versoi vehreyttä, siementä tekeviä kasveja ja hedelmäpuita, jotka kantoivat hedelmissään kukin oman lajinsa mukaista siementä.

Jälleen Isä Jumala pysähtyi katselemaan, tarkastelemaan luomistyönsä tulosta. Hyvä! Kasveja oli nyt maan päällä, oli myös puita, hedelmiä, siemeniäkin, joita ihmisen olisi hyvä syödä.

Hän katseli merta, Hän katseli maata. Puita ja kasveja. Hän oli edennyt hyvin suunnitelmassaan.

Kaikkialla oli rauhallista. Niin hiljaista ja kaunista. Vehreää.

Ja Jumala näki, että niin oli hyvä. Tuli ilta ja tuli aamu, näin meni kolmas päivä.

Pysytkö kuvittelemaan tuon paikan, jossa Isämme oli? Se oli kuin paratiisi. Oli kauniita puita, joissa oli paljon vihreitä lehtiä. Puiden alla oli upeita kukkia, jotka kukkivat monissa eri väreissä. Oli punaisia, sinisiä, keltaisia ja niin monen muunkin värisiä kukkia. Niin monen näköisiä kauniita, eri värisiä kasveja. Lähellä oli meri, joka lainehti hiljaa. Täydellistä.

6. Päivän pituus luomisen aikoihin

Nyt haluaisin kysyä sinulta; kun odotat ystävääsi luoksesi kylään tai odotat suosikkiohjelmasi alkavan televisiosta tai odotat päivää, jolloin pääset taas rakkaaseen harrastukseesi, eikö aika tunnukin silloin sinusta useimmiten hyvin pitkältä?

Samalta sinusta olisi luultavasti tuntunut silloinkin, kun Jumala maapallon loi.

Päivät olivat tuohon aikaan, kun maapalloa ja sen päällistä elämää suurella rakkaudella ja viisaudella huolellisesti luotiin, nykyiseen päivään verrattuna hyvin pitkiä aikoja. Kaiken halusi Isä Jumala niin suurella rakkaudella, huolellisesti suunnitella ja tehdä, että aikaa se vaati. Tämän Hän teki, jotta teidän ihmisten ja meidän eläinten olisi hyvä elää. Hän halusi varmistaa, että teillä olisi aina saatavilla ruokaa, vettä, suojaa. Hän halusi varmistaa että saisitte nauttia maan antimista ja pitää niin maasta jolla elätte, itsestänne, kuin toisistannekin hyvää huolta rakkaudella. Muita eläviä olentoja unohtamatta!

Isä Jumala kuitenkin rakasti meitä kaikkia jo silloin, kun meitä ei vielä ollut edes olemassa. Tänä päivänä Hän rakastaa jokaista vielä enemmänkin.

Mietipä tätä hetki. Kun sinusta joskus tuntuu pahalta, muistathan, että Isä Jumala ja kaikki taivaan olennot rakastavat sinua silloinkin niin valtavasti, ettet sellaista rakkauden määrää osaa edes kuvitella. Rakasta sinäkin itseäsi ja muita. Muista, sinä olet korvaamaton.

Kohtele muita rakkaudella. Ihmisiä, eläimiä, luontoa. Heikkoja yhtä hyvin kuin vahvojakin. Kun sinä kohtelet muita rakkaudella, huomaat sen palaavan sinulle takaisin. Minulle on nimittäin kerrottu, ja olen sen itsekin huomannut että hyvä, jonka laitat kiertämään, palaa aina takaisin luoksesi moninkertaisena. Joskus se tulee nopeammin, joskus hitaammin, mutta aina se kyllä tulee. Tavalla tai toisella.

Ai niin, olet varmaan huomannut, ehkä ihmetellytkin, kun aina sanon " tuli ilta ja tuli aamu, näin meni päivä. "

Tämä johtuu siitä, että minulle on kuiskattu, että siihen maailmanaikaan vuorokausi, päivä alkoi aina illalla ja päättyi seuraavana iltana. Nykyään on toisin, mutta näin olen kuullut silloin olleen.

7. Ajanmääreet syntyvät, aurinko ja kuu luodaan, neljäs päivä

Kun neljäs päivä koitti ja valo jälleen nousi, Jumala katseli maan päällä ympärilleen. Valoa oli jo, pimeyttäkin, mutta jokin oli vielä eri tavalla kuin olisi hyvä olla. Kysymys kuului, mistä ihminen voisi erottaa päivän yöstä, mistä hän voisi tietää, oliko saapuva pimeys merkki illasta vai aamusta, päivästä vai yöstä, mistä hän sen tietäisi?

Ei mistään. Vielä ei ollut merkkejä päivistä, kuukausista, vuosista. Ei ollut kellonaikoja, ei mitään, mistä ne tietäsi. Pelkkä valo ja pimeys eivät riittäneet.

Tämänkin Isä Jumala päätti rakkaudella korjata auttaakseen ihmistä, jonka Hän kohta omaksi kuvakseen loisi. Eihän ihminen voisi muuten viljellä maata, ei tehdä työtä tai käydä koulua, ei harrastaa mitään. Ei hän tietäisi, koska kauppa olisi auki, koska olisi aika nukkua tai syödä aamupala. Eihän hän tietäisi sitäkään, milloin vuosi vaihtuisi tai olisi oma syntymäpäivä!

Silloin Jumala sanoi:

" Tulkoon valoja taivaankanteen erottamaan päivän yöstä, ja olkoot ne merkkeinä osoittamassa määräaikoja, hetkiä ja vuosia. Ne loistakoot taivaankannesta ja antakoot valoa maan päälle. "

Ja niin tapahtui. Jumala teki kaksi suurta valoa, suuremman hallitsemaan päivää, ja pienemmän hallitsemaan yötä sekä tähdet. Hän asetti ne taivaankanteen loistamaan maan päälle, hallitsemaan päivää ja yötä ja erottamaan valon pimeydestä.

Hyvä ihme sentään! Nyt oli maan päällä jo paljon enemmän kuin alussa. Silloin oli vain pimeys. Muistatko vielä sen, mistä aloitimme? Hienoa, jos muistat, mutta ei haittaa, vaikka se ei aivan mieleesi tulisikaan. Nyt olivat maat, meret, puut, kukkaset, hedelmät, siemenet ja taivaankappaleet luotu. Oli tullut aurinko, olivat tulleet kuu ja tähdet. Ne olivat saaneet ihmeellisen loisteensa, joita tänäkin päivänä saamme ihailla.

Valo oli erotettu pimeydestä. Oli paljon helpompi sanoa, oliko päivä vai yö.

Jumala näki, että niin oli hyvä.

Nyt oli siis Herralle hyvä hetki päättää tämän päivän työ. Maa oli jo vehreämpi, aivan erilainen kuin vielä alussa.

Tuli ilta ja aamu, näin meni neljäs päivä.

Miltä sinusta tuntuu, haluatko nyt hieman käyttää mielikuvitustasi? Haluatko ehkä tehdä piirustuksen?

Näetkö kuinka vihreän, niin monivärisen, monisävyisen luonnon keskelle tulee upea valo, taivaalle syttyy aurinko loistamaan? Paksu verho katoaa auringon edestä. Upea mielikuva!

Tunnetko tuon auringon säteet, tunnetko lämmön, näetkö sen upean, kirkkaan valon? Hienoa!

Siirry nyt yöhön. Näetkö kuinka pimeyteen syttyy yksi tähti toisensa jälkeen loistamaan? Näkyykö kuu jo taivaalla?

Hienoa, olet loistava mielikuvituksessasi! Minäkin näen saman, on todella upeaa saada jakaa tämä sinun kanssasi.

8. Hedelmät ja siemenet

Hetkeksi poikkean nyt tuosta luomiskertomuksesta toisen asian pariin. Koirana minä en niinkään välitä siemenistä ja hedelmistä, mutta tiedän, että sinä pidät niistä ja ne ovatkin sinun terveytesi kannalta hyvin tärkeitä. Kertoisitko nyt minulle, mitkä ovat sinun suosikkihedelmiäsi? Haluaisitko piirtää niistä minulle kuvan?

Olen todella iloinen, kun saan nähdä piirustuksesi tai mielikuvasi! Kiitos.

Tuosta auringosta, kuusta, päivästä ja yöstä tuli mieleeni, minustakin on mukava katsella yöllä tähtiä, niiden tuiketta ja päivällä aurinkoa. Välillä tykkään myös seurata varjoja, joita ympärilläni näen. Mistä sinä pidät?

Kellosta en paljoakaan ymmärrä, mutta minulla on kyllä sisäinen kello, niin kuin varmasti sinullakin, ja se kyllä kertoo koska on koirien ruoka – aika!

Oletko valmis jatkamaan eteenpäin? Hyvä, jatketaan siis yhdessä matkaa.

9. Veden elävät ja siivekkäät eläimet luodaan, viides päivä

Päivän valjettua Isä Jumala katseli maata, sen meriä, puita, kasveja. Aurinkoa Hän silmäili. Kaikki tuntui niin täydelliseltä. Sopivalta. Oli hiljaista, rauhallista. Oli niin kaunista. Oli tullut aika jatkaa seuraavaan luomistyöhön.

Koska maanpinnalla ei ollut vielä eläviä olentoja, ei eläimiä tai ihmisiä, Jumala sanoi:

" *Viliskööt vedet eläviä olentoja ja lennelkööt linnut ilmassa taivaankannen alla.* "

Näin Jumala loi suuret meripedot ja kaikki muut elävät olennot, joita vedet vilisevät, sekä kaikki siivekkäiden lajit.

Hetken Hän jälleen katseli luomiaan olentoja. Miten hyvin ne sopivatkaan upean, niin puhtaan luonnon keskelle! Eläimet käyskentelivät niin sopuisasti keskenään. Niin vaivatta ne kommunikoivat toistensa kanssa. Luulen, että ne jopa puhuivat keskenään!

Ei ollut riitoja, ei pahaa mieltä, ei pahoja tekoja. Ei mitään ikävää. Maa oli niin kaunis.

Silloin Jumala näki, että niin oli hyvä. Hän siunasi sen sanoen:

" Olkaa hedelmälliset ja lisääntykää ja täyttäkää meren vedet, ja linnut lisääntykööt maan päällä. "

Jumala tiesi nyt tehneensä luomistyöstään jo suuren osan. Oli hyvä hetki antaa pimeyden saapua, vetäytyä hyvin ansaitulle ja meille jokaiselle elävälle olennolle niin tärkeälle levolle.

Tuli ilta ja tuli aamu, näin meni viides päivä.

Oletko nähnyt mielessäsi kaiken tämän tapahtuvan? Hienoa, olet todella taitava. Olen niin iloinen puolestasi. Muistathan, minua ei haittaa, vaikka näkisit joka kerta kaiken mielessäsi eri tavalla, tai joskus et näkisi mitään erityistä. Jokainen kerta voi olla erilainen, kaikki mitä koet on yhtä oikein!

10. Mielikuvitusharjoitus

Mutta hetkinen! Äsken Jumala loi suuret meripedot ja muut elävät olennot, jotka vesissä, merissä asuvat, siivekkäätkin Hän loi, mutta mihin Hän unohti meidät koirat?! Kyllä Hänen on täytynyt meidätkin luoda, enhän minä muuten saisi olla tällä seikkailulla sinun kanssasi.

No, se selviää varmaan, kun jatkamme eteenpäin.

Vai mitä mieltä olet, haluaisitko tässä välissä piirtää kuvan, muovailla jotain tai vain yksinkertaisesti kertoa minulle mielessäsi miltä nuo merien ja vesien elävät, ja Jumalan luomat siivekkäät näyttävät? Ovatko eläimet pieniä vai isoja? Miten ne liikkuvat? Miltä rannalla tai maalla näyttää? Onko siellä hiekkaa, kiviä, puita tai pensaita? Paistaako aurinko vai sataako? Näetkö aaltoja?

Minusta on todella upeaa kun sinä piirrät ja kerrot minulle mielessäsi näitä asioita! Tunnen ne aivan eri tavalla kun saan niitä kanssasi tutkia. Kiitos.

Mitä mieltä olet, jatketaanko eteenpäin? Minua ainakin kiinnostaa nähdä mitä seuraavaksi tapahtuu. Olen jo utelias!

11. Karjaeläimet, pikkueläimet ja villieläimet luodaan, kuudes päivä

Viisi aamua ja iltaa oli jo mennyt. Koitti seuraavan valon aika. Aurinko nousi hiljalleen, antoi kaunista loistettaan. Vedessä loiskahti, kala hyppäsi. Tuuli havisutti hiljaa puiden lehtiä. Kukat kukkivat kauniisti.

Isä Jumala oli jo valmiiksi suunnitellut, päättänyt, mitä Hän tulevana päivänä tekisi. Hän oli luonut jo meren elävät ja siivekkäät, nyt oli aika siirtyä kuivalla maalla eläviin ja asuviin muihin eläimiin.

Isä Jumala sanoi:

" Tuottakoon maa kaikenlaisia eläviä olentoja. Kaikki karjaeläinten, pikkueläinten ja villieläinten lajit. "

Ja niin tapahtui. Jumala loi nyt villieläimet, karjaeläimet ja erilaiset pikkueläimet. Kaikki eläinten lajit Hän loi.

Hyvä! Nyt siis oli jo maan päällekin tullut muita eläimiä siivekkäiden lisäksi. Miettisitkö nyt hetken, mitä kaikkia upeita eläimiä maa päällään kantaa? Niitähän on vaikka mitä! On lampaita, hevosia ja poneja, hiiriä, kissoja, virtahepoja, seeproja, kameleita, alligaattoreita sekä tietenkin koiria! Maan päällä on eläimiä oikeastaan joka lähtöön. On pieniä maan matosia, on joskus ikävältä tuntuvia itikoita, on kaloja, jotka uiskentelevat vedessä, isoja norsuja, jotka kärsällään joskus heittävät selkäänsä vettä viilentääkseen oloaan. Vaikka mitä muitakin eläimiä on. En usko että olen ikinä kaikista maan pinnalla, sen alla tai vedessä elävistä eläinlajeista edes kuullutkaan.

Kaikki me olemme kuitenkin Luojasta rakkaudella lähtöisin. Kaikki Hänen työtään. Minä olen hyvin kiitollinen, että Hän loi minut tällaiseksi kuin olen. Antoi minulle elämän. Oletko sinä kiitollinen Hänelle?

Oikeastaan jäin nyt miettimään tuota sanaa *kiitos, kiitollisuus.*

Nyt kun meistä on jo tullut hyviä ystäviä, haluaisin pyytää sinua miettimään, mistä kaikesta sinä saat olla elämässäsi kiitollinen?

Onko sinulla koti, paikka jossa asua? Oma huone?
Kavereita? Ystäviä? Tuttuja? Sukulaisia? Omat
vaatteet ja tavarat? Harrastatko jotain? Saatko
käydä koulua tai tehdä työtä?

Sinulla on varmasti niin paljon kiitoksen aiheita,
etteivät ne kaikki voi edes kerralla tulla mieleen.
Olen todella iloinen puolestasi ja kiitollinen siitä
kun kerrot minullekin kiitollisuutesi aiheista. Voit
myöhemmin kertoa lisääkin jos haluat.

12. Jumala loi ihmisen omaksi kuvakseen, kuudes päivä

Isä Jumala käyskenteli jälleen maanpinnalla. Maa tuntui pehmeältä, joustavalta, jalan alla hyvältä kulkea. Ilma oli kaunis. Oli niin vehreää. Luonto tuoksui hyvältä. Oikealla näkyi viikunapuu, vasemmalla siinsivät vuorten huiput. Gaselli hyppäsi juuri ilmaan ilosta. Läheisen puun hedelmät olivat valmiita syötäviksi.

Silloin Jumala sanoi:

" Tehkäämme ihminen, tehkäämme hänet kuvaksemme, kaltaiseksemme, ja hallitkoon hän meren kaloja, taivaan lintuja, karjaeläimiä, maata ja kaikkia pikkueläimiä, joita maan päällä liikkuu. "

Jumala tiesi nyt olevansa luomistyössään, jonka Hän oli niin tarkkaan, huolellisesti rakkaudella jo kauan aikaa sitten suunnitellut ja nyt myös toteuttanut, siinä vaiheessa, johon Hän oli tähän mennessä tähdännyt. Oli aika luoda ihminen.

Ja Jumala loi ihmisen kuvakseen, Jumalan kuvaksi Hän hänet loi, mieheksi ja naiseksi Hän loi heidät. Jumala siunasi heidät ja sanoi heille:

" Olkaa hedelmälliset, lisääntykää ja täyttäkää maa ja ottakaa se valtaanne. Vallitkaa meren kaloja, taivaan lintuja, ja kaikkea, mikä maan päällä elää ja liikkuu. "

Ja Jumala sanoi vielä:

" Minä annan teille kaikki siementä tekevät kasvit, joita maan päällä on, ja kaikki puut, joissa on siementä kantavat hedelmät. Olkoot ne teidän ravintonanne. Ja villieläimille ja taivaan linnuille ja kaikelle, mikä maan päällä elää ja liikkuu, minä annan ravinnoksi vihreät kasvit. "

Ja niin tapahtui.

Jumala oli nyt luonut upean luonnon monine eri muotoineen, niin upeat eläimet, sekä ihmisen, jonka Hän kohta herättäisi henkiin.

Ja Jumala katsoi kaikkea tekemäänsä, ja kaikki oli hyvää.

Tuli ilta, tuli aamu, näin meni kuudes päivä.

Miettisitkö nyt hetken aikaa tuota hetkeä, josta äsken sinulle kerroin? Kuinka upea tuon hetken on täytynyt olla! Luonto on puhdas, eläimet elävät kaikki sulassa sovussa keskenään, jokainen omassa paikassaan, siellä, mihin ne on luotu. Ei ole sotia, ei sairauksia, ei kipuja, ei kuolemaa. On niin kaunista. Syntiä ei vielä ole olemassa.

13. Jumala saa luomistyönsä päätökseen, seitsemäs päivä

Näin tulivat valmiiksi taivas ja maa, ja kaikki mitä niissä on. Jumala oli saanut työnsä päätökseen ja seitsemäntenä päivänä Hän lepäsi kaikesta työstään.

Huh, ainakin minusta tuo työ tuntuu nyt todella hurjalta, valtavalta suorastaan! Ihailen ja kunnioitan nyt hyvin paljon sitä, miten Jumala on jaksanut tuon työn hitaasti ja varmasti, niin suurella rakkaudella tehdä. Tuskin se on aina ihan helppoa ollut! Kun ajattelen sitä, miten päivät ovat silloin luullakseni olleet paljon, paljon pidempiä kuin nykypäivänä, en voi olla ihmettelemättä, mistä Hän sai aina voimia jaksaa niin pitkän päivän ja tehdä niin paljon?

Mutta, täytyy muistaa, Isä Jumalalle kaikki on mahdollista. Aivan kaikki.

Ilman tuota upeaa työtä meitä ei kuitenkaan olisi olemassa, joten lausutaanko yhteiselle Isällemme kukin sydämessämme nyt pieni kiitos siitä, mitä Hän on vuoksemme tehnyt, ennen kuin jatkamme eteenpäin? Kiitos.

14.   Lepopäivän pyhittäminen

Kuudessa päivässä oli Jumala saanut työnsä teh-
tyä, seitsemännen Hän lepäsi. Varmaan Hänkin
väsyi, niin minä ainakin luulisin. Ihan niin kuin si-
näkin toisinaan väsyt leikeissä tai harrastuksissa,
koulussa tai työssä. Minäkin olen toisinaan yllät-
täen väsynyt, kun olen hieman lenkkeillyt, leikki-
nyt ja ottanut rapsutuksia vastaan!

Jumala teki tuolloin mielestäni niin viisaasti. sil-
loin Jumala siunasi seitsemännen päivän ja pyhitti
sen, koska sinä päivänä Hän lepäsi kaikesta luo-
mistyöstään.

Hm, mietipä kuinka tärkeä tuo lepopäivä on jo sil-
loin Hänelle ollut! Jumalalla oli varmaan vielä niin
paljon työtä edessään.

Tuona päivänä eläimet ja luontokin lepäsivät. Kau-
riit ja muut luodut pysyttelivät rauhallisina, hiljaa
ne käyskentelivät niityillä puiden lomassa. Merikin
oli rauhallinen. Ei ollut kovaa tuulta, ei näkynyt

vaahtopäitä. Sinä päivänä kaikki kunnioittivat ja noudattivat pyhää, aivan niin kuin meidän kaikkien pitäisi vielä tänäkin päivänä tehdä.

Tämä, mitä sinulle olen nyt tähän mennessä kertonut, on kertomus siitä, kuinka taivas ja maa, ja kaikki sillä elävät elolliset olennot saivat alkunsa silloin kun ne luotiin.

15. Pepito pohtii tilannetta

Minusta tämä on kaikki ollut hyvin mielenkiintoista, eikä sinustakin? Monesti meitä eläimiä saatetaan pitää hieman höpsöinä, mutta todellisuudessa minä ja kaikki muutkin Jumalan luomat eläimet ymmärrämme yllättävän paljon!

Itseäni jäi nyt hieman mietityttämään, mitä sitten tapahtui, kun ihminen luotiin. Miten hän heräsi henkiin? Kuka tuo ihminen oli, jonka Isä Jumala kuudentena päivänä loi? Jäikö hän yksin, vai saiko hän silloin itselleen kaverin tai kavereita?

Se selviää meille molemmille kun annamme kirjaa minun puolestani kirjoittavan ystäväni Annan jatkaa kanssamme kirjan seuraavaan osaan!

OSA II

1. Ihmisestä tulee elävä olento

Kun Isä Jumala oli ehtinyt tuohon kuudenteen päivään, jolloin oli tullut aika luoda ihminen, Hän otti käsiinsä maan tomua, muovasi siitä ihmisen ja puhalsi hänen sieraimiinsa elämän henkäyksen.

Huh! Itse kyllä pidän maan tonkimisesta, siitä muodostuu kivoja muotoja, kun sitä vähän kaivelee, mutta tuosta sieraimiin puhaltamisesta en kyllä pidä. Pidätkö sinä?

Toisaalta, tuo ihminen, jonka Jumala maasta muovasi, hän oli vasta maata, ei hänellä vielä tuolloin ollut ajatuksia, tunteita, ei hän vielä tuolloin puhunut, ei edes hengittänyt.

Mitä sinusta tuntuu, haluaisitko tässä välissä kuvitella, ehkä piirtää tai muovata jostain, vaikka savesta, muovailuvahasta, hiekasta tai vaikka taikinasta tuon, josta sinulle juuri kerroin? Siis ihmisen tai jonkun hahmon? Minusta olisi mukava nähdä sinun piirustuksesi, muovailusi tai vaikka vain kuvitelmasi, jos vain viitsit ja haluat sen tehdä ja minulle näyttää. Kiitos.

Joka tapauksessa, näin tuli ihmisestä elävä olento.

Hm... minusta on melko omituista, kun ihmisiä on maailmassa miljoonia, triljoonia, miksi Isä Jumala loi silloin vain yhden ihmisen?

No, varmaan saamme tähänkin yhdessä vastauksen jossain vaiheessa. Siis eteenpäin!

2. Eedenin puutarha

Tässä kohtaa Isä Jumala antoi tuon ihmisen olla. Rauhallisesti ihminen käyskenteli ympäriinsä, tutki, tarkasteli paikkaa, johon hänet oli luotu. Nappasi puusta hedelmän, otti pensaasta kourallisen siemeniä. Välillä pulahti mereen vilvoittelemaan ja peseytymään. Hän oli osa luontoa, kaikki sopi hänelle täydellisesti.

Samaan aikaan Isä Jumala loi maan päälle paikan, johon Hän ihmisen veisi. Jumala kulki silloin itään, Eedeniin. Tuonne saavuttuaan Jumala istutti sinne puutarhan, niin kauniin ja monipuolisen. Sellaisen, missä kaikki oli harmoniassa keskenään. Jos mietit, mitä tuo sana " harmonia " tarkoittaa, se on sama asia kuin täydellinen sopusointu.

Jos nyt hetkeksi suljet silmäsi, voit ehkä tuntea nenässäsi puhtaan luonnon tuoksun, kukkaset ja meren. Mielessäsi näet nuo lukuisat marjat, hedelmät, puut sekä pensaat, joissa kasvaa myös päh-

kinöitä. Voit kuulla korvissasi aaltojen kevyen lois-
keen, tuntea auringon lämmön kasvoillasi kevyen
tuulen kutittaessa samalla hieman varpaitasi.

Hienoa! Olet todella hyvä kuvittelemaa. Olen si-
nusta ylpeä ja niin iloinen puolestasi.

3. Elämänpuu ja hyvän- ja pahantiedon puu

Tuonne Eedeniin Isä Jumala kuljetti ensimmäisen ihmisen, jonka Hän oli rakkaudella luonut.

Sinne Hän kasvatti myös kaikenlaisia puita, jotka olivat kauniita katsella ja joiden hedelmät olivat hyviä syödä. Tuon upean paratiisin keskelle Hän kasvatti elämänpuun ja hyvän- ja pahantiedon puun.

Mietipä, minkä näköisiä nuo puut ovat mahtaneet olla? Muistathan, sinä saat kuvitella ne aivan minkälaisiksi haluat, vaikka joka kerta erilaisiksi. Aivan kaikki kuvitelmasi ovat yhtä oikeita.

Voisitko kertoa minulle puista, jotka sinä näet? Ehkä piirtääkin?

Suuri kiitos sinulle, olet todella hyvä kuvailemaan ja piirtämään. Kanssasi on ilo tehdä tätä matkaa!

4. Jumala asettaa kiellon

Tuotuaan ihmisen Eedeniin, asetti Herra Jumala ihmisen tuonne Eedenin puutarhaan viljelemään ja varjelemaan sitä.

Silloin Herra Jumala sanoi hänelle:

" Saat vapaasti syödä puutarhan kaikista puista. Vain siitä puusta, joka antaa tiedon hyvästä ja pahasta, älä syö, sillä sinä päivänä, jona siitä syöt, olet kuoleman oma. "

Hetkinen!! Nyt en kyllä ihan ymmärrä. Olet kuoleman oma??

Luulen, että tähän kohtaan meidän ei kannata jäädä jumiin, jatketaan eteenpäin. Kaikki selviää kyllä aikanaan.

5. Villieläimet tuodaan paratiisiin

Tässä vaiheessa Isä Jumala katseli taas työnsä tulosta. Kaikki näytti hyvältä. Luonto oli kaunis, kukoistava, ihminen vaelteli rauhallisesti paikasta toiseen. Missään ei ollut mitään vialla.

Vaikka kaikki näytti hyvältä, Jumala tiesi ihmisen tuntevan itsensä yksinäiseksi. Hyvä hänen oli siellä olla, mutta seuralaisia tuo ihminen kaipasi. Hetkisen Jumala mietiskeli. Hän oli muovannut ihmisen maan tomusta, miksi Hän ei muovaisi tähän uuteen paikkaan, paratiisiin, myös eläimiä ihmisen seuraksi?

Herra Jumala sanoi:

" *Ei ole ihmisen hyvä olla yksinään. Minä teen hänelle kumppanin, joka sopii hänen avukseen.* "

Ja Herra Jumala muovasi maasta kaikki villieläimet ja kaikki taivaan linnut ja vei ne ihmisen luo nähdäkseen, minkä nimen hän kullekin antaisi. Ja jokainen elävä olento sai sen nimen, jolla hän sitä kutsui.

Mielenkiintoista, sanon minä. Silloin me koiratkin olimme varmaan villieläimiä, ainakin jossain muodossa, luulisin. Eihän ihminen kai ollut mitään eläintä lemmikiksi kesyttänyt. Kuka ties minun esi-isäni on ollut ensimmäisten eläinten joukossa maan päällä Eedenissä. En usko että silloin ihmisen tarvitsi edes mitään kesyttämistä ajatella. Kaikki elivät silloin sulassa sovussa keskenään.

Mietin vain, on mahtanut tuolla ensimmäisellä ihmisellä olla mielenkiintoinen ja hauska elämä. Niin paljon oli uutta tutkittavaa ja saihan hän antaa kaikille eläimille nimet, joilla te ihmiset kutsutte niitä tänäkin päivänä.

Siis tarkoitan nyt yleisiä nimiä, kuten kissa, koira, hevonen, en erisnimiä, kuten Elli tai Eevertti.

Miten sinä, pidätkö sinä uusien asioiden tutkimisesta? Onko sinusta mukava käydä uusissa paikoissa, niin luonnossa kuin rakennuksissakin?

Minusta on mukava tutkia uusia paikkoja, niistä voi aina oppia jotain uutta ja tehdä hyvinkin mielenkiintoisia löytöjä. Uusia tuttavia, ystäviäkin voi löytyä!

Haluaisitko sinä kokeilla miltä tuntuisi keksiä uusia eläinten nimiä? Luota itseesi, joskus hassut ideat voivat olla suorastaan upeita!

6. Ihmiselle ei löydy sopivaa kumppania

Olet varmaan jo kuvitellut itsesi kaikkien paratiisin eläinten keskelle, mutta huomaatko, toista ihmistä ei vieläkään näy missään?

Mitä luulet, osaisitko ja haluaisitko sinä elää niin, että olisit yksin koko maailmassa, vain sinä ja eläimet? Koko maapallolla ei olisi yhtään toista ihmistä.

Olisihan siinä varmasti hyvätkin puolensa, alkuun se voisi tuntua aika mukavalta, mutta uskoisin että aikaa myöten et enää pitäisi siitä.

Ainakin minusta tuntuu niin oudolta ajatus, ettei toista koiraa, muita eläimiä, saati sitten teitä ihmisiä olisi yhtään, etten edes halua kuvitella sitä. Kyllä muut elävät olennot ovat niin tärkeitä, ettei ilman heitä voi olla.

Arvostathan sinäkin niin ystäviäsi, sukulaisiasi kuin muitakin eläviä olentoja? Muistathan silloin tällöin myös ilmaista sen muille? Vaikka pieni hymy tai kaunis sana voi olla hyvä alku.

Isä Jumala huomasi tämän. Kaikista eläimistä huolimatta ei ihmiselle löytynyt sopivaa kumppania, eikä ihmisen ollut hyvä olla yksin.

7. Jumala vaivuttaa ihmisen syvään uneen

Koska tuo kumppani kuitenkin tarvittiin, eikä eläinten joukosta ollut löytynyt sopivaa, Herra Jumala vaivutti ihmisen syvään uneen ja otti hänen nukkuessaan yhden hänen kylkiluistaan ja täytti tämän kohdan lihalla. Hän ohjasi ensin ihmisen paikkaan, jossa tämän oli hyvä olla, jossa hänen sopi käydä pitkälleen. Lempeästi rakkaudella Hän teki tämän.

Saavuttuaan oikeaan paikkaan tuo ihminen vaipui niin pehmeästi uneen. kaikki tapahtui suurella rakkaudella lempeästi. Isä Jumala rakasti jo silloin ja rakastaa yhä tänäkin päivänä ihmisiä niin paljon.

Jatketaanpa sitten eteenpäin, vai haluatko tässä välissä pitää tau'on, käydä vaikka pienellä kävelyllä tai ottaa lasillisen vettä?

Hyvä, olet pitänyt itsestäsi huolta, jatketaan siis. Olen jo hieman malttamaton!

8. Jumala luo naisen miehen kumppaniksi

Koska nyt oli luotu vasta yksi ihminen, mies, oli tarpeen luoda hänelle kaveriksi nainen. Otettuaan tuon kylkiluun syvässä unessa olevasta miehestä, Herra Jumala teki tästä kylkiluusta naisen ja toi hänet miehen luo.

On mahtanut olla mielenkiintoinen tilanne, kun maailman, koko maapallon kaksi ensimmäistä ihmistä ovat kohdanneet ensi kerran!

Voitko sinä kuvitella tuon tilanteen? Pyytäisin sinua kuvailemaan sen minulle mielessäsi, tai jos haluat, piirtämään tai kirjoittamaan siitä. Tähän mennessä on jo tapahtunut niin paljon, etten yhtään ihmettele, jos sinua jo hieman väsyttää.

Osaatko sinä kuvitella, minkälaisia ajatuksia he ovat silloin mahtaneet pohtia? Mitä he ovat katsoneet, mitä nähneet ympärillään? Ovatko he katsoneet toisiaan, ovatko he huomanneet, ettei heillä ole vaatteita yllään?

Minä en usko, että he ovat esimerkiksi vaatteita edes ajatelleet. Ihminen ja eläin, kaikki elävät olennot syntyvät kuitenkin alastomina.

Luulisin että he ovat varmaankin olleet puhtaasti, aidosti iloisia, kun kumpikaan heistä ei ole ollut yksin!

Kerrohan minulle, pidätkö sinä yksinäisyydestä? Niin, en minäkään pidä. Joskus se toki on ihan mukavaa, mutta kyllä minä arvostan sitä, ettei minun tarvitse olla yksin. Minusta on mukavaa kun saan pitää hauskaa ystävieni kanssa, jutella, hassutellakin, tai joskus vain yksinkertaisesti olla heidän kanssaan.

Joskus minä laskenkin varoen kuononi ihmisen syliin. Tällä tavoin minä osoitan pitäväni hänestä. Tietenkin myös välitän ja arvostan häntä muulloinkin, erityisesti kun hän vähän silittelee minua.

Muistathan sinäkin osoittaa omille ystävillesi, sukulaisillesi, tutuillesi pitäväsi heistä?

Sinä voit tehdä sen niin monin eri tavoin. Kaunis sana, kevyt kosketus, hymy. Vaihtoehtoja on paljon.

9. Mies ja nainen kohtaavat

Kun mies kohtasi Jumalan luoman naisen Isä Jumalan tuodessa hänet miehen luokse, mies oli kovin iloinen. Luulen, että hän saattoi myös kokea hieman oudon, erikoisen tunteen, kuin hän olisi kohdannut jotain, joka oli kauan sitten kadonnut, jonka hän ikään kuin jo tunsi tai jota hän oli ehkä tietämättään kaivannut. Ehkä sinäkin olet joskus kokenut tuon tunteen?

Silloin mies sanoi:

" Tämä se on! Tämä on luu minun luustani ja liha minun lihastani. Naiseksi häntä sanottakoon; miehestä hänet on otettu. "

Ja he molemmat olivat tuolloin alasti, eivät he tunteneet häpeää tai mitään muutakaan ikävää tunnetta, vaikka he alasti olivatkin.

He pitivät kovin tuosta Eedenistä, johon Isä Jumala oli heidät asettanut asumaan. Siellä oli puita, joista sai hedelmiä, pensaita, joissa oli marjoja. Oli myös kaikkia muita vihreitä kasveja, jotka tuottivat siemeniä ja kaikkea, mikä oli heille tarpeen. He söivät hyvin terveellisesti.

Miten on, muistatko sinä syödä terveellisesti, siis kasviksia, hedelmiä, viljaa? Toivon että muistat koska se on hyvin tärkeää sinulle.

10.   Eedenin joet

Mutta palataan Eedeniin. Siellä oli ilma raikas. Varmaan osaat kuvitella, kuinka raikkaalta ilma voi tuntua esimerkiksi sateen jälkeen. Eläimiä käyskenteli niin monia erilaisia Eedenin niityillä, puiden ja pensaiden lomassa.

Eedenistä sai alkunsa joki, joka haarautui neljäksi eri joeksi. Tämä joki oli hyvin tärkeä, sillä se kasteli tuon ihanan puutarhan, jota ihminen oli tuotu hoitamaan, sen anneista nauttimaan. Ilman tuota jokea eivät puutarhan pensaat, kukat, puut tai yleensäkään mitkään kasvit olisi menestyneet sillä ei siellä ollut ketään, kuka niitä olisi kastellut.

Miten on, pidätkö sinä kukkien ja kasvien kastelusta ja hoitamisesta? Minä pidän kukkien nuuskimisesta ja kasvien seassa juoksentelusta, mutta koirana en oikein niitä osaa hoitaa. Onneksi te ihmiset osaatte!

Tuon joen, ja siitä lähtevät neljä muuta jokea, nimiltään Pison, Gihon, Tigris ja Eufrat, oli Isä Jumala luonut jo ennen kuin hän loi naisen. Hän oli jo silloin suurella viisaudella ja rakkaudella valmistellut hetkeä, jolloin ihminen johdettaisiin Eedeniin ja hänelle annettaisiin kumppaniksi toinen ihminen.

Mielestäni nuo neljä jokea menivät aika mielenkiintoisia reittejä. Esimerkiksi Pison - joki, sen olen kuullut kiertävän koko Havilan maan, missä kuulemma on kultaa, hyvää sellaista.

Mietin vain, olisiko minusta kullan nuuskijaksi jos pääsisin kokeilemaan?

Toisaalta ainakin tuolla paikalla olisivat voineet eri tuoksut hieman sekaantua mielessäni, nenässäni, sillä olen kuullut siellä olleen myös suitsutuspihkaa ja Onykskiveä. Kivi on kivi, sen minä tiedän, mutta tuo suitsutuspihka, mitä se on ? Kuusen- tai männynpihkaa olen silloin tällöin hieman haistellut, mutta suitusutuspihkasta olen vain kuullut. Se on kuulemma sellaista, joka palaa hitaasti. Samalla siitä tulee miellyttävä tuoksu. Näin minulle on kerrottu.

Voihan olla että vielä pääsen kaikkea kokeilemaan, olen vasta kolme – vuotias!

11. _Pepiton pieni tauko_

Jatketaanko eteenpäin, vai haluatko tässä välissä esimerkiksi piirtää tai maalata kuvan, muovailla jotain, antaa mielikuvituksesi lentää vaikka jossain noista paikoista, joista sinulle juuri kerroin, tai kenties haluat vain levätä hetken?

Jos pidät uimisesta tai veden äärellä olemisesta, sinähän voit halutessasi kuvitella itsesi rannalle ja vaikkapa kertoa minulle millaista siellä on.

12.   Ihmiset ja eläimet Eedenissä

Palataan sitten tuonne Eedeniin. Ihmiset käyskentelivät siellä, Jumala heidän kanssaan. Kyllä, ymmärsit oikein. Jumala käveli ihmisten seurassa, aivan samalla tavalla kuin hekin.

Ihmiset ottivat puista hedelmiä, kävivät välillä meressä pesulla, juttelivat eläinten kanssa.

Minä uskon että he juttelivat eläinten kanssa.

Vaikka moni ajattelee, ettei eläinten kanssa voi puhua, haluaisin kysyä sinulta; miksi meidän kanssamme ei voisi puhua?

Silloin se varmaankin tapahtui eri tavalla, mutta nykyään me eläimet luemme teidän eleitänne, liikkeitänne, kuuntelemme teidän äänenpainojanne, seuraamme ilmeitänne. Me kaikki eläimet olemme oikeastaan hyvin herkkiä. Monia asioita yksinkertaisesti vaistoamme, sairauksiakin pystymme havaitsemaan aistiemme avulla. Joskus me jopa ymmärrämme käyttämiänne sanoja!

Te ihmisetkin voitte lukea meitä. Meilläkin on ilmeitä, eleitä, liikkeitä ja minä olen sitä mieltä, että

joskus voitte mielessänne kuulla meidän sanovan-
kin jotain.

13.   Ihminen kohtaa käärmeen

Isä Jumala oli luonut Eedenin paratiisiin eläimiä, niin monenlaisia, mutta Hän oli luonut myös käärmeen. Vielä tuohon aikaan käärmekin kulki jaloillaan. Se liikkui pystyssä, aivan kuten ihmiset ja koiratkin. Pystytkö kuvittelemaan miltä käärme näyttäisi, jos se kulkisi pystyssä kuten sinäkin?

Hyvä, olet taitava! Olisin kovin kiitollinen, jos vielä mielessäsi lähettäisit tuon kuvan minulle. Kiitos.

Tuo käärme oli kuitenkin kaikista kavalin eläimistä, jotka Jumala oli luonut, ja luonteensa mukaisesti se myös käyttäytyi kavalasti.

Eräänä päivänä, kun nainen ja mies olivat paratiisin puutarhassa kävelyllä, sanoi käärme naiselle:

" Onko Jumala todella sanonut: " Te ette saa syödä mistään puutarhan puusta?""

Minun mielestäni tämä kysymyskin on jo inhottava, kavala temppu, sillä olivathan ihmiset saaneet luvan syödä kaikista puutarhan puista paitsi elämän puusta ja hyvän- ja pahantiedon puusta. Nainen kuitenkin muisti, mitä Jumala oli heille sanonut, ja vastasi:

" Kyllä me saamme syödä puutarhan hedelmiä. Vain siitä puusta, joka on keskellä paratiisia, Jumala on sanonut: " Älkää syökö sen hedelmiä, älkää edes koskeko niihin, ettette kuolisi. ""

Mutta tuo käärme, se oli kavala. Se sanoi naiselle:

" Ei, ette te kuole. Mutta Jumala tietää, että niin pian kuin syötte siitä, teidän silmänne avautuvat ja teistä tulee Jumalan kaltaisia, niin että tiedätte kaiken, sekä hyvän että pahan. "

Nainen oli hämmästynyt. Minäkö tietäisin tai ymmärtäisin enemmän mitä nyt tiedän? Mikä oli paha? Tätäkin hän varmaan pohti, sillä kaikki oli hyvää. Mitä ihmettä käärme oikein tarkoitti?

14.   Ihminen pohtii

Nainen oli miehen seurassa. He kävelivät ympäri paratiisia, mutta nuo käärmeen sanat, ne olivat jääneet hänen mieleensä kiertämään. Kovin hän silloin pohti.

Lopulta hän ei voinut vastustaa kiusausta.

Minä itse koiran mielessäni luulen, ettei hän silloin vielä ymmärtänyt, mitä tuo kielletystä puusta syöminen toisi tullessaan.

Häntä kiehtoi enemmän ajatus siitä, että hänestä tulisi Jumalan kaltainen. Hän halusi antautua kiusaukselle, hän halusi maistaa kiellettyä hedelmää. Hän halusi tietämättään tehdä maailman ensimmäisen synnin.

15. Ihminen taipuu, ensimmäinen synti tapahtuu

Nainen meni hyvän- ja pahantiedon puun luokse, mies seurasi häntä. Käärmeen sanat mielessään hän näki nyt, että puun hedelmät olivat hyviä syödä ja että se oli kaunis katsella ja houkutteleva, koska se antoi ymmärrystä.

Mielessään nainen kuitenkin kaipasi enemmän, hän halusi ymmärtää. Hän oli nähnyt Jumalan ymmärryksen, tiedon, viisauden, äärettömän suuren rakkauden, jolla Jumala toimii. Hän halusi olla samalainen.

Nuo käärmeen sanat saivat hänet uskomaan, että tuo hedelmä, kielletty hedelmä avaisi hänelle uuden tiedon, uuden ymmärryksen, tekisi hänestä enemmän Jumalan kaltaisen.

Hän otti siitä hedelmän ja söi ja antoi myös miehelleen, joka oli hänen kanssaan, ja mieskin söi.

Silloin kuitenkin tapahtui jotain, mitä kumpikaan heistä ei ollut osannut odottaa. Muistathan, kun kerroin sinulle heidän liikkuneen alasti, ilman vaatteita? Se oli heille silloin täysin luonnollista, aivan kuten meille koirille se on vieläkin.

Syötyään nuo hedelmät heidän silmänsä avautuivat ja huomasivat olevansa alasti. Toki he olivat tähänkin asti nähneet, mutta nyt he näkivät uudella tavalla. He hämmentyivät kovin, eivät he tätä olleet osanneet odottaa!

Heille tuli kiire, jostain oli saatava peitettä alastomille vartaloille! He sitoivat viikunanlehtiä ja kietoivat ne vyötärölleen.

Nyt minä kysyisin sinulta, haluaisitko kuvailla minulle miltä he silloin näyttivät?

Oliko heillä pitkät vai lyhyet hiukset? Minkä väriset heidän silmänsä olivat? Entä hiukset? Olivatko he paljain jaloin? Miltä nuo viikunanlehdet näyttivät? muistathan, sinun ei tarvitse tietää miltä viikuna näyttää. Minä haluaisin nyt nähdä, minkälaiseksi sinä kuvittelet sen. Voisitko myös kuvailla minulle paikan, jossa he olivat?

Oliko siellä puita, pensaita, kukkia, eläimiä tai vettä? Minulle riittää hyvin, jos kuvailet siitä vaikka vain ihan pienen osan ja joka kerta voit kuvailla sen eri tavalla. Olen siitä kovin kiitollinen.

16.   Ihminen kohtaa Jumalan

Lämpimin auringonpaiste hellitti siltä päivältä, iltapäivällä tuli hieman viileämpää. He kuulivat Jumalan kävelevän puutarhassa. Silloin mies ja nainen menivät Jumalaa piiloon puiden sekaan.

Kun Jumala ei nähnyt heitä, Hän huusi miestä ja kysyi:

- Missä sinä olet?

Mies vastasi:

- Minä kuulin sinun askeleesi puutarhassa. Minua pelotti, koska olen alasti ja siksi piilouduin.

En nyt kyllä ihan ymmärrä, mitä pelottavaa tuossa hetkessä on silloin voinut olla. Eihän siellä ollut muita kuin eläimiä, Isä Jumala ja kaksi ihmistä. Mitä he alastomuudessa oikein pelkäsivät?

Tänä päivänä, kun teitä ihmisiä on niin paljon, ymmärrän hyvin, että vaatteet ovat välttämättömiä, monestakin eri syystä. Ajattelepa esimerkiksi miten kylmä sinun olisi talvella ilman lämpimiä vaatteita! Hrr! Oikein paleltaa jo ajatuskin siitä.

Kun Herra Jumala kuuli miehen sanat, hän kysyi:

- Kuka sinulle kertoi, että olet alasti? Oletko syönyt siitä puusta, josta minä kielsin sinua syömästä?

Luulen, että mies koki olonsa häkeltyneeksi, hämmentyneeksi, pelokkaaksikin. Olihan hän syönyt kiellettyä hedelmää, tehnyt jotain, joka oli häneltä kielletty.

Hän loi katseensa alas, mietti hetken mitä hän vastaisi. Hän kuitenkin pysyi totuudessa ja sanoi:

- Nainen, jonka sinä annoit minulle kumppaniksi, antoi minulle sen puun hedelmän ja minä söin.

Silloin Isä Jumala sanoi naiselle:

- Mitä oletkaan tehnyt?

Nainen vastasi:

- Käärme minut petti, ja minä söin.

Luulen, että nainenkin on tuntenut olonsa silloin hämmentyneeksi, pelokkaaksikin. Olihan hän tällä tavoin syyllistynyt johonkin kiellettyyn, maailman ensimmäiseen syntiin, vaikka tuskin hän sitä silloin vielä tiesi. Hän oli tehnyt paratiisissa jotain, jonka Jumala oli heiltä kieltänyt.

Jumala kuuli tämän ja sanoi käärmeelle:

- Koska tämän teit, olet kirottu. Toisin kuin muut eläimet, karja ja pedot, sinun on madeltava vatsallasi ja syötävä maan tomua niin kauan kuin elät. Ja

minä panen vihan sinun ja naisen vä-
lille ja sinun sukusi ja hänen sukunsa
välille:

Ihminen on iskevä sinun pääsi murs-
kaksi ja sinä olet iskevä häntä kanta-
päähän.

Jumala sanoi vielä naiselle:

- Minä teen suuriksi sinun raskautesi
  vaivat, ja kivulla sinä ole synnyttävä
  lapsesi. Kuitenkin tunnet halua mie-
  heesi, ja hän pitää sinua vallassaan.

Hui olkoon! Jos näin ikävät, inhottavat seuraukset
ihmiselle on langetettu siitä, kun hän teki eri ta-
valla kuin Jumala oli häntä kehottanut tekemään,
rikkoi siis Jumalan kieltoa, lienee paras olla, elää
ja toimia niin kuin Herra sanoo!

Jumala jatkoi vielä, ja miehelle Hän sanoi:

- Koska teit niin kuin vaimosi sanoi, ja söit puusta, josta minä kielsin sinua syömästä, niin olkoon maa sinun takiasi kirottu.

Kovalla työllä sinun on hankittava siitä elantosi niin kauan kuin elät.

Maa kasvaa sinulle orjantappuraa ja ohdaketta, mutta sen kasveista joudut ottamaan ravintosi.

Otsa hiessä sinun on hankittava leipäsi, kunnes tulet maaksi jälleen, sillä siitä sinut on otettu.

Maan tomua sinä olet, maan tomuun sinä palaat.

Olipa siinä rankkaa puhetta, kovia sanoja. Mahtoi Isä Jumala olla vihainen! Minä en kyllä haluaisi Hänen minuun suuttuvan, sillä Hänen vihansa voi kuulemani mukaan olla niin hirmuista, etten sitä osaa edes kuvitella.

Toisaalta, nyt ymmärrän sen, miksi käärme matelee maassa. Olen sitä hieman ihmetellyt, mutta nyt tiedän.

Jäin vain miettimään, oliko käärmeitä silloin enemmänkin? Nykyään niitä on paljon erilaisia, kuulin juuri että eri käärmelajeja on tänä päivänä jopa kolmetuhatta viisisataa, mikä on valtava määrä!

Nyt ymmärrän senkin, miksi te ihmiset saatte opiskella, tehdä työtä, viljellä maata, miksi koette välillä erilaisia kipuja, välillä hikoilettekin. Senhän on Jumala jo alussa säätänyt, eli se on teille hyvin luonnollista. Hyvä ihmiset!

17. Ihmiset saavat nimet ja vaatteet

Vaikka Isä Jumala hyvin kiivas vihassaan onkin, jo silloin, niin kuin tänäkin päivänä, ymmärsi Hän ihmistä, ihmisen tunteita. Ei Hän heitä siinä vaiheessa tuominnut. Sen sijaan Hän auttoi heitä jälleen rakkaudella eteenpäin.

Vaikka ihminen oli suuren virheen tehnyt, ensimmäinen synti oli tapahtunut ja sitä kautta tullut osaksi maailmaa, Jumala katsoi asiaa viisaasti ja armollisesti, niin kuin Hän aina tekee.

Hän tekee näin siksi, että ihmiset ovat Hänelle äärettömän rakkaita. Muistathan, Jumala loi ihmisen omaksi kuvakseen ja Hän rakastaa jokaista ihmistä aivan yhtä paljon.

Jumala tiesi nyt ihmisten tarvitsevan nimet, joilla he voisivat toisiaan kutsua, ja joilla Herra itse voisi heitä puhutella.

Silloin mies antoi vaimolleen nimeksi *Eeva*, sillä hänestä tuli kaikkien ihmisten kantaäiti. *Eeva* tarkoittaa yksinkertaisesti *elämää, elämistä*, mikä on minun mielestäni aika mielenkiintoinen tieto.

Itselläni tuo sana " elämä " saa mielikuvituksen liikkeelle, näen esimerkiksi upean, puhtaan luonnon, metsän eläimiä ja muuta mukavaa. Mitä tämä sana tuo sinulle mieleen?

Nainen oli nyt saanut itselleen nimen, vielä oli tuo vaate – asia. Ihmisen silmät olivat avautuneet, hän kaipasi vaatetta vartalonsa suojaksi, peitoksi. Herra Jumala oli silloinkin armollinen, rakastava. Hän tunsi ja ymmärsi ihmisten tunteet.

Jumala teki Aadamille ja hänen vaimolleen nahasta vaatteet ja puki heidät niihin. He olivat tyytyväisiä. Luulen, että he tunsivat olevansa Isälle hyvin rakkaita. Aivan niin kuin jokainen meistä tänäkin päivänä on.

Mietin tuossa, kerroin sinulle äsken, mitä nimi ”
Eeva ” tarkoittaa, kerron nyt saman tien, mitä ”
Adam ”, Aatami, tarkoittaa. Se tarkoittaa *ihmisolentoa.*

Onpa hassu sana! Minkälaisia kuvitelmia tämä sana tuo sinun mieleesi?

18. Ihminen ajetaan pois paratiisista

Kun Jumala oli ihmisille vaatteet tehnyt, ja heidät niihin pukenut, Hän sanoi:

" Ihminen on nyt kuin me: hän tietää sekä hyvän että pahan. Ettei hän nyt vain ota elämän puusta hedelmää ja syö ja niin elä ikuisesti!"

Mietipä hetki, miltä sinusta tuntuisi, jos ihminen eläisi maan päällä ikuisesti? Ei olisi olemassa ajan käsitettä koska aika olisi ikuinen jatkumo. Minä en osaa sellaista edes kuvitella. Meillä koirilla kun yksi vuosi vastaa seitsemää ihmisen elinvuotta, miten ihmeessä me jaksaisimme ikuisesti täällä maan päällä elää? Kyllä siinä jo alkaisi mieli muuttua, eivät samat asiat kovin kauaa jaksaisi kiinnostaa.

Isä Jumala oli silloinkin rakastava ja viisas, ja niin Herra ajoi ihmisen pois Eedenin puutarhasta ja pani hänet viljelemään maata, josta hänet oli tehty. Hän karkotti ihmisen ja asetti Eedenin puutarhan itäpuolelle kerubit ja salamoivan, leimuavan miekan vartioimaan elämänpuulle vievää tietä.

Näin siis ihminen joutui pois Eedenistä ja asettui muualle asumaan.

Itseäni jäi mietityttämään tuo "kerubi", jonka Jumala laittoi vartioimaan elämän puulle vievää tietä. Otin siitä selvän ja nyt haluan kertoa sen sinulle.

Sinä olet varmasti kuullut enkeleistä? He ovat Jumalan pikkuapulaisia, taivaan korkeampia voimia, jotka ovat niin usein apuna eri tilanteissa, paikoissa, tapahtumissa. Hyvin monesti he ovat auttaneet ja auttavat yhä teitä ihmisiä täysin huomaamatta.

Enkeli kuvataan usein kahdella siivellä liikkuvana hahmona, kerubi taas on enkelihahmo, joka kuvataan neljällä siivellä liikkuvana.

Sekä enkelit että kerubit ovat Jumalan lähimpiä seuralaisia, Hänen palvelijoitaan.

Ehkä haluaisit nyt hetken miettiä tätä kaikkea, mistä olen sinulle kertonut tai vaikka piirtää kuvan, kirjoittaa runon, ehkä tehdä pienen laulun?

19.   *Aatami ja Eeva*

Tämän paratiisista karkotuksen jälkeen Aatami ja Eeva elivät yhdessä hyvin pitkään, ja he saivat lapsia, joista kaikki ihmiset ovat polveutuneet.

Nyt olen kertonut sinulle tämän maapallolla olevan elämän luomisesta, seuraavaksi ajattelin kertoa paratiisista.

Jaksatko jatkaa nyt saman tien, vai haluatko pitää tau'on?

OSA III

1. Paratiisi, silloin ja tulevaisuudessa

Tuo paratiisi, se oli ihmisen ensimmäinen koti.

Se oli paikka, jossa ei ollut sairauksia, ei kuolemaa. Siellä ei ollut syntiä. Elämä oli harmonista.

Ihmiset menettivät paikkansa paratiisissa, koska he eivät totelleet Jumalaa. Silloin heidät karkotettiin, asetettiin elämään toiseen paikkaan maapallolla.

Tie paratiisiin suljettiin. Ilman tätä tapahtumaa en ihan usko, että Jumalan laatima suunnitelma olisi voinut toteutua.

Jos vielä muistat, luvussa 12, kun Jumala loi miehen ja naisen, Hän siunasi heidät ja sanoi:

" Olkaa hedelmälliset, lisääntykää ja täyttäkää maa ja ottakaa sen valtaanne. "

En usko että tämä olisi ihan paratiisista käsin täysin onnistunut. Toisaalta, ehkä kaikki olisi silloin yksinkertaisesti vain mennyt eri tavalla.

Koska Raamattu kuitenkin on suurella viisaudella, rakkaudella, Jumalan antamalla sanalla kirjoitettu, voi minun mielestäni pitää luotettavana monia Raamatun kirjoituksia, ennustuksia, joissa luvataan, että tulevaisuudessa ihmiset saavat vielä kerran elää paratiisissa.

Raamatussa sanotaan esimerkiksi, että

" Taivas on Herran, maan hän on antanut ihmisille.
" (Ps. 115:16)

Luulen tämän tarkoittavan sitä, että maa tullaan vielä kerran muuttamaan paratiisiksi. Jumala antaa vielä kerran ihmiselle ikuisen elämän. Silloin eletään aikaa, jolloin kipu, pahuus ja kaikkinainen kärsimys ovat ohitse. On rauhallista, elämä on harmonista. Ihmiset, eläimet, luonto, kaikki taivaan voimat ovat silloin yhtä. Silloin te ihmiset saatte nauttia kaikesta ihmeellisestä maapallolla. Sodat ovat ohitse. Jäljellä on vain rakkaus.

Koska tuo aika on, sitä ei kuulemani mukaan tiedä kukaan. Ei edes Jeesus. Vain Isä itse tietää sen.

2. Miten pääsen paratiisiin?

Tuota kysymystä minä hieman koiran mielessäni yritin pohtia. Miten tuonne paratiisiin pääsee?

Pääsevätkö sinne he, jotka osaavat Raamatun ulkoa? Pääsevätkö he, joilla ei edes ole Raamattua? Entä he, jotka uhraavat koko elämänsä muiden auttamiselle? Tai he, jotka haluavat hallita, tuhota, sotia? Entä he, jotka näyttävät uskonsa joka paikassa, ovat ulkokullattuja? Tai he, jotka sisimmässään uskovat Jumalaan joka tilanteessa kätkien uskonsa sydämeensä?

Tämä oli vaikea kysymys minulle, mutta minä otin siitä selvän ja haluan nyt jakaa tietoni kanssasi. Kuuntelehan!

Raamatussa sanotaan:

" *Uhrit vai kuuliaisuus? Kuuliaisuus on pa-
rempi kuin uhri, totteleminen parempi kuin oi-
nasten rasva.* " (*1.Sam. 15:22*)

Tämä sai minut mietteisiin. Tarkoittaako tämä sitä,
että jos tottelen ohjaajaani, minäkin pääsen para-
tiisiin? Mietin myös tuota, mikä ihme on uhri?

Tuohon uhri – kysymykseen minulle ensin vastat-
tiin.

Raamatun aikoina, ja varmaan vielä jossain päin
maailmaa sen jälkeenkin, luulisin, ihmisen tuli an-
taa Jumalalle erilaisia uhreja esimerkiksi karjas-
taan.

Uhraamisen tarkoituksena oli

*kiittää Jumalaa, luvata Hänelle jotain tai pyytää
Häneltä jotain.* Sovitusuhri annettiin kun *haluttiin
sovittaa omat synnit.*

Mielestäni tämä tarkoittaa vähän samaa kuin haluaisi pyyhkiä taulun puhtaaksi, katua syntejään, saada ne Isältä anteeksi.

Uhraus kuitenkin käytännössä päättyi, kun Jeesus uhrasi itsensä meidän kaikkien elävien puolesta.

Uuden testamentin mukaan

Jeesus on uhrikaritsa, jonka veri on sovittanut kaikki maailman synnit. (1. Piet. 1:18-19)

Teidän ihmisten ei siis enää ole tarpeen uhrata esimerkiksi eläimiä tai muita elollisia olentoja, ellei Herra niin erikseen teitä pyydä tai kehota tekemään.

Teidän on kuitenkin mielestäni hyvä pitää mielessä uudessa testamentissa mainitut *hengelliset uhrit,* joita teidän olisi luullakseni tänäkin päivänä hyvä toimittaa.

Tämä tarkoittaa *Jumalan kiittämistä ja ylistämistä, elämän pyhittämistä Hänelle.*

Tuo kiitos – asia, se on mielestäni joskus aika help-
pokin muistaa ja toteuttaa. Kun opettelee joka
käänteessä, tilanteessa kiittämään elämästä, sen
eri asioista, tapahtumista, käänteistä, tunneti-
loista, siitä tulee hyvin pian ihan luonnollinen osa
elämää. Kiitoksen tuntee usein sydämessään.

Jos mietit nyt eri kiitoksen aiheita, niitä on luke-
mattomia. Ajattele esimerkiksi kaunista auringon-
laskua, hauskan näköisiä pilviä, sadetta, joka vir-
kistää mukavasti, sitä, että sait ja muistit tänään
pestä hampaasi, sait käydä koulussa, työssä tai
kaupassa tai vaikka sitä, että hyvä ystäväsi soitti
sinulle juuri eilen.

Kiitoksen aiheita on niin paljon. Myös ikävistä asi-
oista kannattaa mielestäni opetella kiittämään.
Olen kuullut että *kiitos synnyttää aina lisää kiitok-
sen aihetta.* Myös ikävistä asioista kiittäminen.
Onhan se niin, että kiittäminen antaa aina hyvän
mielen, niin kiitoksen sanojalle kuin sen vastaan-
ottajallekin. Muista, että voit sanoa kiitoksen myös
itsellesi! Niin hassulta kuin se ehkä tuntuukin, se
toimii.

Kiitetään siis kaikkia ja kaikesta, erityisesti elämästä. Kiitos Isä Jumalalle.

3. Totteleminen, Jumalan miellyttäminen

Tuohon tottelemiseen minä ajattelin vielä hetkeksi palata.

Tämä totteleminen, siis Jumalan totteleminen, tarkoittaa sitä, että kun noudatan, tai ainakin yritän noudattaa sitä, minkä Jumala on meille Raamatun kautta sanonut ja mitä Hän voi eri tavoin ihmisille ilmaista, joskus jopa päivittäinkin, voi kuka hyvänsä omalla käytöksellään miellyttää Jumalaa. Mielestäni tärkeintä on haluta tätä sydämessään, sydämellään. Pyytää siihen Isän apua. Taivaallisen Isän.

Mikäli taas ihminen valitsee käytökseensä tavan, joka ei miellytä Jumalaa, vaikkapa sanoo pahoja asioita, ajattelee pahoja asioita, syntisiä asioita, tekee syntiä, toimii Raamatun vastaisesti tai vaikkapa toivoo toiselle pahaa, on melko selvää, ettei sellaisella käytöksellä voi tuonne paratiisiin päästä. Ei ainakaan kovin helpolla.

Toisaalta, onneksi te ihmiset voitte muuttaa sydämenne tahtoa, omaa käytöstänne ja uskoanne montakin kertaa elämänne aikana. Vaikka sinusta tuntuisikin joskus ikävältä, tuntuisi, että olet tehnyt asioita väärin, mikään ei ole ehkä sinun mielestäsi mennyt oikein, ei Jumala varmastikaan pistä pahakseen, jos ja kun silloin haluat tehdä muutoksen, ottaa Jumalalta vastaan uuden sydämen. Hän vastaa sinulle varmasti rakkaudella.

Koettelemuksiahan elämässä on vaikka kuinka paljon, minun mielestäni onkin hyvä muistaa Pietarin sanat:

" *Kultakin koetellaan tulessa, ja onhan teidän uskonne paljon arvokkaampaa kuin kulta. Koettelemuksissa teidän uskonne todetaan aidoksi ja siitä koituu Jeesuksen Kristuksen ilmestyessä ylitystä, kirkkautta ja kunniaa.* " (*1. Piet. 1:7*)

Tuo Jumalan miellyttäminen jäi vielä hieman mieleeni kiertämään. Mieleeni muistuukin yksi Raamatun kohta, jonka haluan vielä sinulle kertoa:

*" Sitähän Jumalan rakastaminen on, että pidämme
hänen käskynsä, eivätkä ne ole raskaita noudattaa.
Kaikki, mikä on syntyisin Jumalasta, voittaa maail-
man. Ja tämä on se voitto, tämä on maailman voit-
tanut: meidän uskomme. " (1. Joh. 5:3)*

Ei se välttämättä sitten niin hirveän vaikeaa tai vai-
keaa olekaan, tuo totteleminen. Ei varsinkaan, kun
sitä sydämessään haluaa.

Sinä, minä, niin kuin kaikki muutkin elolliset olen-
not olemme aina Isällemme rakkaita ja Herra Ju-
mala haluaa aina auttaa sinua, Hän voi jopa sinut
joskus ruhtinaallisesti palkita, kun haluat Häntä
omalla käytökselläsi, omilla valinnoillasi miellyt-
tää. Koskaan ei voi tietää, mitä tuleman pitää. Jos-
kus voi jotain yllättävääkin tapahtua. joskus taas
kaiken ymmärtää vasta jälkeenpäin.

Muista, sekin kun yrität, voi jo merkitä paljon ja
joskushan se tapahtuu ihan luonnostaan!

Pepiton loppusanat:

Minä kiitän sinua suuresti tästä upeasta seikkailusta, jonka olen saanut kanssasi tehdä ja toivon todella, että se on ollut sinulle yhtä antoisa kuin minullekin.

Nyt on aika laittaa kynä pois ja lähteä vaikkapa ulos nauttimaan luonnosta.

Niin kuin espanjalaiset sanovat: *Hola!*

Pepito

Kirjailijan loppusanat:

Olen todella kiitollinen kun sain tämän seikkailun sinun ja Pepiton kanssa kokea. Tämän kirjoittaminen on ollut minulle todella antoisa kokemus.

On hyvin mahdollista, että jatkamme vielä Pepiton kanssa seikkailuja tutkimalla Raamattua, kuka ties vielä julkaisemme uuden kirjankin.

Alun perin sain ajatuksen tämän teoksen toteuttamisesta kun olin tutkinut *Werner Söderströmin Lasten Raamattua vuodelta 1892.* Silloin kysyin Jumalalta, saanko kirjoittaa tämän kirjan. Herra vastasi:

*" Lapseni, mene ja levitä minun sanaani. Tee se haluamallasi tavalla, mutta älä poikkea totuudesta. "
Näin sanoo Herra.*

Pyhä henki onkin koko ajan ollut minun kanssani, auttanut minua löytämään oikeat sanat. Suuri kiitos Pyhälle hengelle, ja kiitos myös sinulle, lukijani, kun tämän kokemuksen kanssani ja'oit. Toivoakseni se on ollut sinulle antoisa kokemus. Tarkoitukseni tällä kirjalla on auttaa sinua pääsemään paremmin tai uudella tavalla Raamatun tekstiin sisään, välittää Jumalan sanomaa rakkauden tärkeydestä. Auttaa sinua pääsemään siihen hetkeen, jolloin haluat pyytää Jeesukselta uuden sydämen.

Anna Wasenius